我要做個好孩子

新雅文化事業有限公司
www.sunya.com.hk

小跳豆
幼兒好行為情境故事系列

跟着跳跳豆和糖糖豆一起培養好行為！

培養孩子的各種生活技能和好成績，固然重要，但也不要忽略品格培育。其實一個人成功與否，與他的品格好壞有莫大的關係。

《小跳豆幼兒好行為情境故事系列》共6冊，針對3-7歲孩子常犯的毛病或需要關注的地方，分為六個不同的範疇，包括**做個好孩子**、**做個好學生**、**做個好公民**、**注意安全**、**有禮貌**和**有同理心**，透過跳跳豆、糖糖豆以及一眾豆豆好友的經歷，教導孩子在不同的處境中，學習正確的態度和行為，並引入選擇題的方式，鼓勵孩子判斷什麼是正確，什麼是不正確。

書末設有「**親子說一說**」和「**教養小貼士**」的欄目，給家長一些小提示和教育孩子的方向，幫助家長在跟孩子進行親子閱讀時，一起討論他們所選擇的結果，讓孩子明白箇中道理。「**我的好行為**」的欄目，讓孩子檢視自己有什麼好行為，鼓勵孩子自省並保持良好行為，長大後成為一個守規矩、負責任、有禮貌、能獨立思考、真正成功的人。

以互動方式提升孩子的判斷力，養成好行為！

本系列屬「新雅點讀樂園」產品之一，若配備新雅點讀筆，爸媽和孩子可以使用全書的點讀功能，孩子可以先點選情境故事的內容，聆聽什麼是正確的行為，然後判斷該怎樣做，選出合適的答案。透過互動遊戲的方式，讓孩子邊聽邊學邊玩，同時提升孩子的判斷力，養成良好的行為。

「新雅點讀樂園」產品包括語文學習類、親子故事和知識類等圖書，種類豐富，旨在透過聲音和互動功能帶動孩子學習，提升他們的學習動機與趣味！

想了解更多新雅的點讀產品，請瀏覽新雅網頁(www.sunya.com.hk)或掃描右邊的QR code進入 新雅・點讀樂園 。

如何使用新雅點讀筆閱讀故事？

1. 下載本故事系列的點讀筆檔案

1 瀏覽新雅網頁(www.sunya.com.hk) 或掃描右邊的QR code 進入 新雅・點讀樂園 。

2 點選 下載點讀筆檔案 ▶ 。

3 依照下載區的步驟說明，點選及下載《小跳豆幼兒好行為情境故事系列》的點讀筆檔案至電腦，並複製至新雅點讀筆的「BOOKS」資料夾內。

2. 啟動點讀功能

開啟點讀筆後，請點選封面右上角的 新雅・點讀樂園 圖示，然後便可翻開書本，點選書本上的故事文字或圖畫，點讀筆便會播放相應的內容。

3. 選擇語言

如想切換播放語言，請點選內頁右上角的 粵/書 粵/口 普 圖示，當再次點選內頁時，點讀筆便會使用所選的語言播放點選的內容。

如何運用點讀筆進行互動學習

點選語言圖示，可切換至粵語、口語或普通話

點選圖中的角色，可聆聽對白

上街不要吵着買東西

小朋友如果看到自己喜歡的東西，想要花錢去買，就應該先取得爸爸媽媽的同意，才可以買；如果爸爸媽媽不同意，小朋友就不要在街上大哭大鬧啊！

今天，跳跳豆和豆媽媽上街時，看見商店櫥窗放了一些漂亮的蠟筆。他想起在上美勞課時，皮皮豆也有一盒新的蠟筆。接下來，跳跳豆該怎樣做才是正確的呢？

27

1 先點選情境文字的頁面，聆聽什麼是正確的行為和理解所發生的事情

小朋友，請你閱讀以下選項，然後在右頁選出正確答案：

我的選擇是：A B

2 翻至下一頁，你可先點選頁面，聆聽選擇A和選擇B的內容

選擇 A

跳跳豆拉起豆媽媽的手，大吵大嚷：「我想買新蠟筆，我要買！我要買！」

28

選擇 B

跳跳豆雖然很想要一盒新蠟筆，但他心想：「我的蠟筆還未用完，不用買新的。」

29

3 最後作出你的選擇！點選 A 或 B，然後聽一聽你是否選對了

每冊書末同時設有「親子說一說」欄目，給家長一些小提示，
讓家長在跟孩子進行親子閱讀時，也能一起討論他們所選擇的結果啊！

孝順父母

孝順父母的方式有很多，例如用功讀書、養成好習慣和好行為，別讓父母擔心。此外，爸爸媽媽下班回到家裏，身體會很疲累，你可以給他們倒一杯茶、捶捶背，表達你對他們的關懷，這樣爸爸媽媽的內心便會感到很安慰了。

跳跳豆和糖糖豆在家中玩耍。這時，豆爸爸下班回來了！接下來，跳跳豆和糖糖豆該怎樣做才是正確的呢？

小朋友，請你閱讀以下選項，然後在右頁選出正確答案：

選擇 A

跳跳豆和糖糖豆繼續玩玩具，沒有理會爸爸。

我的選擇是： 

選擇 B

跳跳豆給爸爸遞上一杯茶，糖糖豆為爸爸捶捶背。

1 + 3 =
2 + 5 =
5 + 5 =
1 + 3 = 4
2 + 5 = 7
5 + 5 =

愛護兄弟姐妹

哥哥、姐姐照顧我們，我們關懷弟弟、妹妹，兄弟姐妹都尊重父母，這樣的家庭才會溫馨和睦。而且，兄弟姐妹友愛相處，也有助減輕爸爸媽媽的負擔。

今天放學回家，跳跳豆和糖糖豆在做功課。糖糖豆不懂得做數學題。接下來，跳跳豆該怎樣做才是正確的呢？

小朋友，請你閱讀以下選項，然後在右頁選出正確答案：

選擇 A

跳跳豆細心地指導糖糖豆，還鼓勵她嘗試完成工作紙。

我的選擇是： 

選擇 B

跳跳豆取笑糖糖豆說：「哈！這些題目一點也不難，你怎麼會不懂得做呢！」

照顧長輩的需要

長輩需要你幫忙的時候，不能假裝聽不到啊！你要立刻回應，因為那可能是很重要的事。即使你正忙着做其他的事情，也應該停下來，先看看長輩有什麼需要，才繼續做自己的事。

糖糖豆正在看電視，那是她最喜愛的電視節目。突然，祖父感到頭有些暈，他呼喚糖糖豆。接下來，糖糖豆該怎樣做才是正確的呢？

小朋友，請你閱讀以下選項，然後在右頁選出正確答案：

選擇 A

糖糖豆雖然聽到祖父的呼喚，但她想繼續看喜歡的電視節目，沒有理會祖父。

我的選擇是：  

選擇 B

糖糖豆立刻走過去，攙扶祖父坐到沙發上，還給祖父一杯溫開水。

幫忙做家務

小朋友從小幫忙做家務，可以學習做事的方法。小朋友年紀小，可以選擇做一些簡單的家務，例如：幫忙擺碗筷、擦桌子等。小朋友也可以自己動手收拾房間、清理書桌……做好照顧自己的責任。

晚飯時間快到了，豆媽媽忙着準備飯菜。跳跳豆和糖糖豆肚子餓，去廚房找媽媽時，看見飯桌上放着碗筷。接下來，跳跳豆和糖糖豆該怎樣做才是正確的呢？

小朋友，請你閱讀以下選項，然後在右頁選出正確答案：

選擇 A

跳跳豆和糖糖豆立刻把碗筷擺放好，幫媽媽做好準備。

我的選擇是：

選擇 B

跳跳豆和糖糖豆催促着說：「媽媽，媽媽，可以吃飯了嗎？」

不要把東西隨處亂丟

很多小朋友一回到家裏，就把東西隨處亂丟，這樣要媽媽來收拾是很辛苦的啊！自己的東西應該自己收拾整齊，例如：把書包或小背包等放回原處，衣物要掛起來或放進洗衣籃裏。

星期天，跳跳豆和糖糖豆從公園跑步回來，剛走進家門便想着要玩玩具。他們趕快放下背包，脫下帽子。接下來，跳跳豆和糖糖豆該怎樣做才是正確的呢？

小朋友，請你閱讀以下選項，然後在右頁選出正確答案：

選擇 A

跳跳豆和糖糖豆隨便把所有東西都丟到地上，然後去玩積木。

我的選擇是： 

選擇 B

跳跳豆和糖糖豆把背包和帽子放好，把毛巾放進洗衣籃裏。

上街不要吵着買東西

小朋友如果看到自己喜歡的東西，想要花錢去買，就應該先取得爸爸媽媽的同意，才可以買；如果爸爸媽媽不同意，小朋友就不要在街上大哭大鬧啊！

今天，跳跳豆和豆媽媽上街時，看見商店櫥窗放了一些漂亮的蠟筆。他想起在上美勞課時，皮皮豆也有一盒新的蠟筆。接下來，跳跳豆該怎樣做才是正確的呢？

小朋友，請你閱讀以下選項，然後在右頁選出正確答案：

選擇 A

跳跳豆拉起豆媽媽的手，大吵大嚷：
「我想買新蠟筆，我要買！我要買！」

我的選擇是：  

選擇 B

跳跳豆雖然很想要一盒新蠟筆，但他心想：「我的蠟筆還未用完，不用買新的。」

養成不浪費的好習慣

有的小朋友會把不喜歡吃的食物隨手扔掉，這實在是一種浪費！我們吃的每一粒米，玩的每一件玩具，穿的每一件衣服，都必須經過許多人的辛勤勞動才能得到的，所以我們應該要加以珍惜。

今天晚上，糖糖豆和外祖母吃完晚飯。外祖母告訴糖糖豆，碗裏還有飯，別浪費。接下來，糖糖豆該怎樣做才是正確的呢？

小朋友，請你閱讀以下選項，然後在右頁選出正確答案：

選擇 A

糖糖豆把碗裏的飯吃光了，一點也不浪費。

我的選擇是： 

選擇 B

糖糖豆不耐煩地說：「我不吃了，剩下一點米飯沒什麼大不了啦！」

親子說一說

小朋友，看完這本書，你可以看看自己選得對不對。 如果你選了7個 😀 ，你就是一個好孩子了。

情境	選擇A	選擇B	小提示
孝順父母	🙁	😀	小朋友，爸爸媽媽努力工作養育我們，平日也會好好照料我們。所以我們也應要好好愛護、關心和孝順父母，例如做個乖孩子、收拾自己的東西，減輕爸媽的辛勞。
愛護兄弟姐妹	😀	🙁	兄弟姐妹要互相愛護。當他們遇到困難時，我們應該幫助他們，例如：弟妹不懂得做功課時，我們可以耐性指導他；哥哥或姐姐如跌倒受傷，我們可以扶起他，給他們貼膠布等。
照顧長輩的需要	🙁	😀	長輩年紀大，很多事情可能需要小朋友的幫忙，例如：你可以幫腰痛的婆婆收拾東西；幫疲累的公公捶背，又或是給他們蓋被子、拿藥油。

情境	選擇A	選擇B	小提示
幫忙做家務			小朋友，你會否懶洋洋地躺在沙發上等待媽媽煮好飯菜？你會否脫下衣物便隨處亂放？這樣你便很容易成為「小懶豬」了。小朋友雖然年紀小，但也可以幫爸媽分擔一些小家務，例如：擺放餐具，把髒衣物處理好。
不要把東西隨處亂丟			小朋友，隨處亂丟東西，有機會令別人絆倒；用後的東西不放回原處，下次你便會忘記把它們放在哪裏，再也找不着啊！所以好孩子要懂得把東西收拾整理好，養成好習慣。
上街不要吵着買東西			很多小朋友在街上看見玩具、文具、零食等，便嚷着爸媽買。如果爸媽不同意，便發脾氣甚至坐在地上。這樣的行為不但會騷擾到別人，且會令爸媽傷心。
養成不浪費的好習慣			小朋友，你穿的衣服、玩的玩具和吃的食物都是得來不易的。很多貧窮國家的小朋友可能沒有機會擁有這些東西，所以我們切勿浪費，要好好珍惜。

在培育孩子良好的行為和價值觀時，必須要考慮孩子的思考能力。隨着孩子年紀漸長，他們開始學習考慮別人的需要和遵守規則。爸媽可以引導孩子多思考他們所做的事情，會帶來什麼後果。這比用獎罰方式來得重要。

好孩子要有內在素質，包括有愛心、自制 (能控制自己拒絕某些行為)、自律(無須他人提點而能夠經常控制自己)、責任心(為自己所做的負上責任)和社會承擔感(遵守公共規則和公德心)。這能從日常生活的經歷之中，讓孩子領會。爸媽可以嘗試：

- 接觸不同種族的人和體驗不同文化，培育小孩的包容之心，讓孩子知道世界之大。
- 大膽讓孩子承擔後果。如果孩子亂放東西，就不必急於替他整理，待東西堆積如山之時，就是孩子明白平日自己沒有整理好的後果；孩子不懂珍惜玩具，那就約定如果他弄壞了便不會再有，不要讓孩子以為，壞了的東西爸媽便會補給。

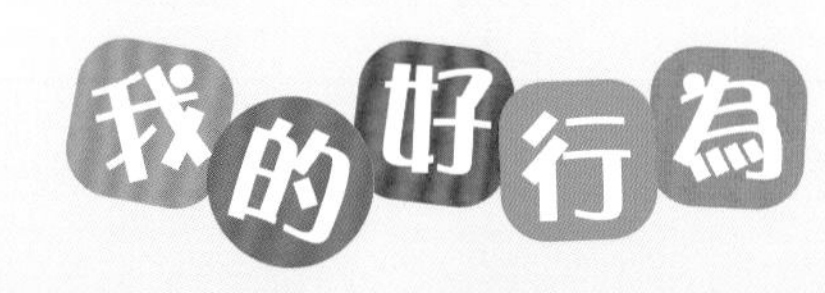

我的好行為

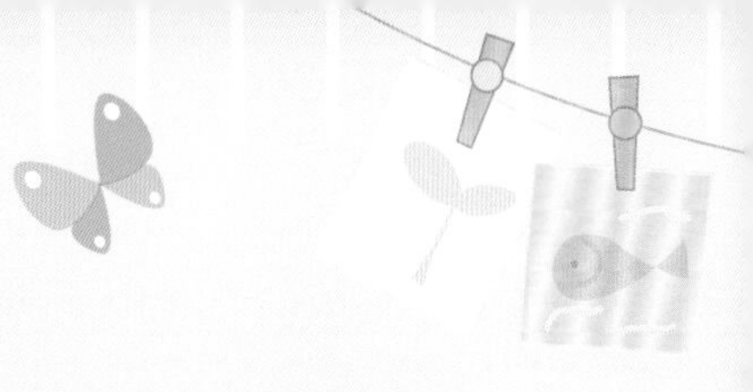

小朋友，你是一個好孩子嗎？看看下面各項，你是否都已經做得到？請你在適當的空格內加 ✓。

項目	我做得到	我有時做到	我未做到
孝順父母			
尊重兄姊，愛護弟妹			
長輩叫喚，會立刻回應			
幫忙做家務			
自己收拾房間和書桌			
衣服、鞋子不會亂丟			
把玩具放回原處			
先做功課，再玩耍			
養成儲蓄好習慣			
上街不會吵着買東西			
不會愛慕虛榮			
養成不浪費的好習慣			
不隨便拿家裏的東西送人			
學會照顧自己			

小跳豆 Jumping Bean 故事系列（共8輯）

讓豆豆好友團陪伴孩子快樂成長！

提升自理能力，學習控制和管理情緒！

幼兒自理故事系列（一套6冊）

《我會早睡早起》
《我會自己刷牙》
《我會自己上廁所》
《我會自己吃飯》
《我會自己收拾玩具》
《我會自己做功課》

幼兒情緒故事系列（一套6冊）

《我很生氣》
《我很害怕》
《我很難過》
《我很妒忌》
《我不放棄》
《我太興奮》

培養良好的品德，學習待人處事的正確禮儀！

幼兒德育故事系列（一套6冊）

《我不發脾氣》
《我不浪費》
《我不驕傲》
《我不爭吵》
《我會誠實》
《我會關心別人》

幼兒禮貌故事系列（一套6冊）

《在學校要有禮》
《吃飯時要有禮》
《客人來了要有禮》
《乘車時要有禮》
《在公園要有禮》
《在圖書館要有禮》

建立良好的心理素質，提高幼兒的安全意識！

幼兒生活體驗故事系列（一套6冊）

《上學的第一天》
《添了小妹妹》
《我愛交朋友》
《我不偏食》
《我去看醫生》
《我迷路了》

幼兒生活安全故事系列（一套6冊）

《我小心玩水》
《我不亂放玩具》
《我小心過馬路》
《我不亂進廚房》
《我不爬窗》
《我不玩自動門》

培養孩子良好的習慣和行為，成為守規矩和負責任的孩子！

幼兒好習慣情境故事系列（一套6冊）

《公德心》
《公眾場所》
《社交禮儀》
《清潔衞生》
《生活自理》
《與人相處》

幼兒好行為情境故事系列（一套6冊）

《我要做個好孩子》
《我要做個好學生》
《我要做個好公民》
《我要注意安全》
《我要有禮貌》
《我要有同理心》

小跳豆幼兒好行為情境故事系列

我要做個好孩子

編寫：新雅編輯室
繪圖：張思婷
責任編輯：趙慧雅
美術設計：劉麗萍
出版：新雅文化事業有限公司
香港英皇道499號北角工業大廈18樓
電話：(852) 2138 7998
傳真：(852) 2597 4003
網址：http://www.sunya.com.hk
電郵：marketing@sunya.com.hk
發行：香港聯合書刊物流有限公司
香港荃灣德士古道220-248號荃灣工業中心16樓
電話：(852) 2150 2100
傳真：(852) 2407 3062
電郵：info@suplogistics.com.hk
印刷：中華商務彩色印刷有限公司
香港新界大埔汀麗路36號
版次：二〇二二年七月初版
二〇二三年十二月第二次印刷

ISBN: 978-962-08-8015-5

18/F, North Point Industrial Building, 499 King's Road, Hong Kong
Published in Hong Kong SAR, China
Printed in China